人生を変える すごい出会いの法則

植西 聰

青春新書 PLAYBOOKS

はじめに

人は一生のうちに、たくさんの人と出会います。

学生時代は、クラスメイト、恩師、部活動やサークル、趣味の仲間など。

社会人になったら、上司や同僚、ライバル、取引先の関係者など。

ほかにも、さまざまな場所でいろんな人と出会います。

その一つひとつが、じつは、人生を大きく変えるチャンスになるのです。

「仕事であの人と出会ったのがきっかけで、自分の才能は大きく開花した。今の成功は、あの人のおかげだ」

「なにごとにも消極的だった私は、今の恋人と出会ったのがきっかけで、大きく変われた。以前よりもずっと明るく、前向きに生きていけるようになった」

「ある先生の教えがきっかけで、精神的なゆとりをもてた」

そのような特別な出会いから、新しい人生がはじまるのです。

だれでも日常生活でたくさんの人と出会いますが、なかには、特別な出会いを生かせないままの人もいます。

人生を変えるような「すごい出会い」は、偶然にもたらされるとはかぎりません。

むしろ、コツがあるように思います。もっとも大切なコツは、「この人と出会うことで、自分の人生はどう変わるだろう」とイメージすることです。

楽しくて幸せな、胸がワクワクはずむような未来を思い浮かべてみるのです。

すると「この出会いを大切にしよう」という気持ちが生まれます。それは自然と伝わり、相手も「この人とは、今後もいい関係を保とう」という気持ちになるのです。

人生に希望をもつことも大切です。「自分の人生は、これからもっともっとすばらしいものになる。私は今よりもずっと幸せになれる」と信じるのです。

そんな希望に引き寄せられて「すごい出会い」がやってきます。

その「すごい出会い」によって、本当に、今よりももっと幸せになれるのです。

植西　聰

人生が変わる　すごい出会いの法則　目次

1章

「すごい出会い」で人生は好転する

2章 初対面を「すごい出会い」に変えるコツ

3章　「すごい出会い」をつかんだ人の共通点

4章

この一歩が「すごい出会い」を生む

5章

成功の道がひらける「同志との出会い」

6章 「よき友との出会い」で人生は豊かになる

7章

「よき師との出会い」で人間性が高まる

8章

すごい「運命の出会い」をつかむヒント

1章

「すごい出会い」で人生は好転する

1 人との出会いから生まれる「幸福」がある

人生は「人との出会い」によって大きく変わります。

徳のある人と出会って、大きな影響を受け、自分の人間性をよりよいものにすることもできます。

よきビジネスパートナーとの出会いによって、仕事をより発展させて大きな成功をつかみ取る人もいます。

心から愛せる人と出会い、その人と結ばれて、今までは考えられなかったような幸せを手にすることもあります。

書家で詩人の相田みつをは、

「そのときの出会いが、人生を根底から変えることがある」（意訳）

と述べました。

この言葉も、やはり「人との出会いが、幸福や成功、成長のための大きなチャンスになる」と示しているのです。

ふだんから、多くの人との出会いを求めることが大切になります。

自分の殻（から）に閉じこもらず、積極的に行動し、いろんな人と会って話す機会を増やすことです。

自分ひとりだけの力でつくりあげる幸福や成功も、たしかにあるのでしょう。

しかし、人との出会いによって生まれる幸福や成功もあります。

そうした幸福や成功のほうが、大きな充実感と喜びを自分自身の人生にもたらしてくれるのではないでしょうか。

人との出会いがもたらす人生の大きなチャンスを、積極的に求めることが大切です。

いろんな人と出会う機会を増やす

2 出会いの数が多い人ほど成功している

ある心理学の調査で「出会い」にまつわるふたつのタイプを比較したものがあります。

ひとつは、ふだんから「自分よりもすごい人」など多くの人に出会うことを習慣にしている人です。

このタイプの人たちは、業界の集まりに顔を出したり、さまざまな勉強会に参加したり、趣味の異なる人たちと食事したりします。

もう一方は、狭い人間関係のなかで暮らすタイプの人。

未知の人に出会う機会はめったにない人たちです。

このふたつのタイプを追跡調査したところ、「ふだんから多くの人に出会うことを習慣にしている」タイプのほうが、「未知の人に出会う機会はめったにない」タイプの人に比べて、将来的に高い地位に就き、また年収も多い、とわかったといいます。

積極的に出会いを求めながら生きている人のほうが、成功者が多い、ということです。

それは、「人との出会い」が本人にとっていい刺激になるからだと思います。

とくに、「自分よりもすごい人」との出会いは、強い刺激になります。

「私も、あの人のように活躍したい」

「あの人の、すぐれたところを、私も取り入れたい」

「あの人に、負けたくない」

といったようにいい刺激になるのです。

そのような刺激をたくさん受けて、それをバネに努力し、その人は成長するのです。

「狭い人間関係」から飛び出して、人と出会う

3 支えあえば、より大きなことができる

「人」という字を見ていると、「ふたりが互いに支えあって立っている姿」に見えてきます。

「人はひとりでは生きていけない。周りの人たちと支えあうことが大切だ」と示しているのかもしれません。

そこには、

「人と支えあうことで、より大きなことを成し遂げる」

という意味もあるように思います。

人間がひとりでできることは、かぎられます。

しかし、だれかと支えあうことで、より大きなことを成し遂げられるのです。

「1」という数字は、それだけでは「1」のままです。

そこにもうひとつの「1」が加わると「1+1=2」になります。

ひとりでがんばるより、ふたりで支えあうと、2倍の成果を出せるのです。

さらに、人づきあいのなかで「1+1=2」ではなく「4」や「8」にふくらむ場合もあります。

したがって、周りの人たちと協力することが大切です。

自分の苦手なことをカバーし、助けてくれる人と、互いに支えあうことです。

そうすれば、その人と共に、すばらしい人生を実現できるでしょう。

自分ひとりでがんばるよりも、人と共にがんばる

4 「貢献したい」という気持ちが運をよくする

スイスの精神医学者、心理学者のカール・ユングは、

「ふたつの人格の出会いは、化学反応のようなものだ。もしなんらかの反応が起きれば、両方が変質する」（意訳）

と述べました。

「化学反応」とは、「異なったものが反応しあうことで、思いがけないものが生まれる」という意味です。

つまり、「個性がまったく異なった人同士が出会うことで、まったく思いがけない成果を得られることがある」という意味です。

また、「両方が変質する」とは、「出会った人が互いに、信じられないような幸運を手にする」という意味です。

「人との出会い」には、そのような奇跡をもたらす力があるのです。

ただし、そのようなすばらしい「出会い」、すばらしい「化学反応」を起こすためには、ある条件が必要だと思います。

それは、互いに「私の能力を使って、この人にために貢献したい」という気持ちです。

そうでなく「この人を利用して、自分だけいい思いをしたい。自分だけ利益を得たい」という一方的な願望から人に出会ったとしても、すばらしい成果はなにも生まれないでしょう。

まずは「この人のために貢献したい」と意識して人に出会うことが大切です。

すると、相手も、「この人のために役立ちたい」という気持ちになります。

そこに相乗効果が生まれるのです。

一方的な思いでは、いい出会いは生まれない

5 相手を尊重すればお互いに幸せになれる

映画『男はつらいよ』シリーズで有名な俳優の渥美清がいます。

『男はつらいよ』は、日本の映画を代表するヒット作品です。

このシリーズの監督は、山田洋次さんです。

このふたりが歩んできた人生は、まったく異なるものでした。それぞれの個性もまったく違うものでした。

山田洋次監督は東京大学卒業のインテリでした。

片や渥美は中学校卒業後、浅草の劇場でコメディアンとして生きてきた人でした。

このように、それまでの生き方まったく異なるふたりだったのです。お互いに、強い個性の持ち主だったのですが、その個性はまったく違うものでした。

このような個性が異なるふたりが出会ったとき、お互いに反感を抱く場合もあるかもしれません。

しかし、渥美と山田さんが、お互いに、「この人の個性を生かすために懸命にがんばって、いい映画をつくりたい」という気持ちを抱きました。

その結果、『男はつらいよ』シリーズは人気をはくし、大ヒットシリーズになりました。

お互いに相手を尊重し、相手に貢献する気持ちがあってこそ、その出会いは大きな相乗効果をもたらしてくれます。

まさに、「1+1」が「4」にも「8」にもなる、大きな相乗効果が生まれるのです。

個性がまったく異なる相手を尊重する

6 成功者は「すごい出会い」をつかむ名人

幸せに生きている人、充実した人生を送っている人、ある分野で大成功をおさめた人は、「すごい出会いをつかむことがうまい人」ともいえます。

そのためには、ふだんから多くの人と出会う機会を増やすように心がけ、「この出会いを大切にしよう」と意識することが大切です。

運命的な出会いによって、その後の人生が大きく変わることがあります。

コメディアンとして活躍した坂上二郎(さかがみじろう)は、もともと歌手志望でした。

彼は鹿児島の中学校を卒業後、地元で働きましたが、のど自慢大会での優勝をきっかけに、歌手を目指して上京しました。

しかし、歌手としてはまったく芽が出ませんでした。

そこで漫才師の付き人になり、コメディアンへ転向しようとしたのですが、コメデイアンとしても人気は出ませんでした。

そんなとき、萩本欽一（はぎもときんいち）さんに出会ったのです。

これが運命の大きな変わり目になりました。

萩本欽一さんと結成した「コント55号」は、のちに大人気となり、テレビなどに引っ張りだこでした。

じつは、当初、萩本さんもあまり人気はありませんでした。萩本さんにとっても、坂上二郎との出会いがきっかけで、運命が大きく好転したのです。


人生には、ある人との出会いで、大きな幸運がもたらされることがよくあるのです。

したがって、一つひとつの出会いを大切にすることが大事です。

ふたりでやればうまくいく

7 あの大横綱にも「すごい出会い」があった

「昭和の大横綱」とよばれた力士、大鵬(たいほう)も、「人との出会い」によって運命が大きく変わったひとりです。

彼は、現在のロシア領である樺太(からふと)で、ロシア人の父親と日本人の母親のもとに生まれました。

太平洋戦争末期、父親はロシアの警察に逮捕されました。

そこで母親は、子どもたちを連れて北海道へ逃げ帰ったのです。

戦後、母子家庭だったために、家庭はとても貧乏でした。

大鵬自身、子どものころは納豆売りのアルバイトで家計を助けたといいます。

中学校卒業後は、働きながら定時制高校に通いました。

そんな折、大鵬の暮らしていた町に、相撲の巡業がやって来ました。

そこで知人が「力の強い若者がいる」と、ある親方に大鵬を紹介しました。親方は、ひと目で「この若者は大横綱になる」と見抜き、相撲部屋へ入ることを勧めたといいます。

その勧めにしたがって大鵬は、高校と仕事を辞めて、相撲部屋へ入りました。

そして、大横綱への道を歩みはじめるのです。

もし親方との出会いがなかったら、大鵬という横綱は生まれなかったかもしれません。

人との出会いは、まさに大きな運命の転換点になると思います。

そのような出会いを見逃さないことが成功のカギです。

人の勧めにしたがってみる

8 人との出会いによって、自分が変わる

「自分を変えたい」という人の多くは、今の自分に満足できていないようです。

たとえば、

「大きな夢にむかって全力で努力したい」

「なにごとにも熱心に取り組み、大きな成果を上げたい」

このようなとき、自分ひとりの努力だけで自分を変えるのは、よほど強い意志がないかぎり、なかなか難しいものです。

しかし、「人との出会い」によって、そんな自分が大きく変わることもあるのです。

会社員の陽子さん（仮名）は、それまで、あまり仕事にやる気を感じていませんでした。

しかし、取引先のある担当者との出会いによって変わりました。

その担当者はとてもアイディアが豊かで、おもしろそうな企画をどんどん提案しました。また、とても仕事熱心な人でした。

そんな担当者と協力するうちに、陽子さんも仕事がおもしろくなり、積極的に取り組めるようになったといいます。

そして大きな成果を出せるようになり、社内でも一目置かれるようになりました。

そのように、自分にいい影響を与える相手との出会いを求めることで、「自分を変える」ことが可能なのです。

自分にいい影響を与えてくれる人に出会う

9 「すごい出会い」は人を前向きに変える

作家でタレントの永六輔（えいろくすけ）は、

「自分で自分を変えられないのであれば、人に変えてもらえばいい」（意訳）

と述べました。

たとえば、「私は心配性の性格で、なにごとにも後ろ向きに考えてしまう。そのために決断力も行動力もない」と悩んでいる人がいたとします。

本人は、そんな自分を変えたいと思っているのですが、なかなか自分の力で変えることはできません。

だんだんと、「私は、なんて意志が弱い人間なんだろう」と、自己嫌悪の感情が生じてきてしまうのです。

そんなときには、「人に変えてもらう」ことも有効な方法のひとつになるのです。

たとえば、「ポジティブな性格で、なにごとにも積極的で行動的な性格の人」との出会いを求めて、実際に出会うことができたら、よき友人としてつきあいます。

また、明るく積極的な性格で有名な著名人などの講演会を聞きに行く、というのもいいでしょう。

機会があれば、その人と直接話します。

そのような方法で相手の影響を受けて、だんだんと自分自身の性格が変わることもあります。

「人との出会い」で自分の性格は変わるのです。

前向きな人と出会って、自分も前向きになる

10

友人がきっかけをくれることもある

人には、「友人に影響を受けて、なにか新しいことをはじめる」ことがあります。

たとえば、友人がスポーツクラブに通いはじめたとします。

そんな友人の影響を受けて、「私も健康維持のために、スポーツクラブに入会しよう」という気持ちになる人もいるでしょう。

友人のひとりが、人生論の勉強をはじめたとします。

そんな友人の姿を見ながら、「私も、人間的に成長するために、ためになる勉強をはじめよう」と決意する人もいると思います。

このように友人の存在は、自分自身がなにか新しいことをはじめるきっかけを与えてくれるものなのです。

精神科医でありエッセイストの斎藤茂太(さいとうしげた)は、

「友人は、自分の新しい世界をひらくきっかけになることがある。そんな友人が多いほど自分の世界も広がり、おもしろく豊かな人生を送れる」と述べました。

友人が多いほど、それだけなにか新しいことをはじめる「きっかけ」が多くなります。

友人の影響を受けて、どんどん新しいことをはじめる人ほど、自分自身が成長します。

また自分自身の人生が豊かなものになり、自分の世界も広がります。

一つひとつの友人との出会いを大切にし、多くの友人に囲まれながら生きていく人は、それだけ自分自身の人生が楽しく、おもしろいものになるはずです。

どんどん友人に影響されて、新しいことをはじめる

2章

初対面を「すごい出会い」に変えるコツ

11

「たった一度きりの出会い」と考える

仏教の言葉であり、茶道の世界でもよく用いられる言葉に、「一期一会（いちごいちえ）」があります。

「一期」は「人の一生」という意味、「一会」は、「たった一度出会い」という意味です。

人と会うときには、「この出会いが、一生でたった一度の出会いになるかもしれない。もう二度と、この人とめぐり会うことはないかもしれない」という気持ちでいることが大切だ、ということです。

つまり、そのような気持ちがあれば出会いを大切にできる、と教えているのです。

一生でたった一度きりの出会いになるかもしれないからこそ、その相手に思いっきり親切にし、また大切にもてなします。

その相手が気持ちよくなるよう、明るい気持ちになれるように配慮します。

そのために、その相手に、とびっきりの笑顔で接します。

すると、その出会いは、相手にとっても自分にとっても、とてもすばらしいものになるのです。

その「たった一度きりの出会い」を大切にする

世のなかには、たくさんの人が暮らしています。

世界の人口は80億人を超えたといわれます。

日本の人口はおよそ1億2400万人です。

しかし、そのなかで、自分が一生のうちに出会う相手というのは、ごく一握り(ひとにぎ)でしかありません。

ならば、その出会いを大切に「一期一会」の精神で大切に接するほうがいいと思います。

12 第一印象が何より肝心

人と出会ったとき、まず心がけたいのは「いい印象を与える」ことです。

そのためには、相手が心地よく、明るい気持ちになれるよう心がけることが大切です。

そういう気配りがあってこそ、その出会いはすばらしいものになります。

また、その出会いをきっかけにして、その相手からいろいろと力を貸してもらえるようにもなり、自分の人生が好転することにもなるかもしれません。

ノーベル平和賞を受賞したマザー・テレサは、カトリック教会の修道女として、インドで恵まれない人たちのために慈善活動をおこないました。

彼女は、

「人に親切にし、人を大切にする心が大切です。あなたに出会った人がだれであって

も、前よりももっと気持ちよく、明るくなって帰れることが大切です」(意訳)

と述べました。

マザー・テレサの言葉には、その出会いをすばらしいものにするコツが示されていると思います。

つまり、「相手をもっと気持ちよく、明るくすること」が、その出会いをすばらしいものにするのです。

もし相手を不愉快にさせ、怒らせるようなことをしたら、どうなるでしょうか。

そんなことをしても、なんの意味もありません。

賢い人はそんなことはせず、人に親切にするのです。

出会った相手に喜びを与える

13

好印象を与える6つのコツ

はじめて人に会うときは、相手にいい印象を与えることが大切です。

いい印象を与えると、ただの出会いを「すごい出会い」に変えることができます。

また、初対面の印象がよければ、その後もずっと相手は好意的に接してくれることが多いのです。

しかし、初対面で悪いイメージを与えると、その後、相手と打ち解けた関係を保つことが難しくなります。

したがって、いい出会いをつくり、その後もいい関係をつづけたいならば、初対面で好印象を与えることが大切になります。

では、どうすればいいイメージを与えられるのか。

次のようなコツがあります。

・明るい笑顔を心がける。
・一方的な自己主張はせず、相手の話をよく聞く。
・相手の話に共感し、言葉で伝える。
・感動したら「それは、すごい」と言葉で伝える。
・明るく、前向きな言葉を使う。
・感謝したら「ありがとう」と言葉で伝える。

このようなことを心がけることで、いいイメージを与えます。
そこに「すごい出会い」が生まれます。
また、その後、「いい関係」がつづくのです。

↓

「それはすごい」と共感し、「ありがとう」と感謝する

14

「笑顔」がたくさんの幸福をもたらす

出会った相手を気持ちよくさせる、とっておきの方法は「笑顔」です。

笑顔で人に接してこそ、その出会いは「すごい出会い」になります。

そうなれば自分にとって、たくさんのいいことがもたらされます。

アメリカの作家で、多くの自己啓発本を書いたデール・カーネギーは、

「笑顔は1ドルの元手も要らない。しかし、百万ドルの価値をもたらしてくれる。笑顔を与えても、自分にとって減るものはなく、また笑顔を与えられた相手は心豊かになる。いい笑顔の記憶は、その相手に永久に残る」（意訳）

と述べました。

この言葉で、デール・カーネギーは、人と会うとき、笑顔でいることがいかに大切であるかを説いています。

また、笑顔で人に接することが、自分の人生にいかに利益になるかを教えてくれているのです。

したがって、仕事上でだれかに会うときは、いい笑顔で接することが大切です。

いい笑顔が、仕事の成功をもたらしてくれるのです。

また、いい笑顔が、いいパートナーと結ばれるきっかけをつくるでしょう。

いい笑顔をきっかけにして仕事がうまくいき、愛のある生活に恵まれるのです。

人との出会いで、もっとも大切なことは「笑顔」といえるでしょう。

「いい笑顔」を心がける

15 うまい質問でいい関係は築ける

聞き上手になるコツのひとつは、「上手に質問する」ことです。

相手が好きなこと、得意なこと、自信のあることについて質問するのです。

誰でも好きなことについて話すのは、非常にうれしいことです。

ですから、自分の質問によって、相手の好きな話題へ誘導します。

たとえば、相手が小麦色に日焼けしていたとします。

そんな外見から、「この人は野外スポーツが好きなんだろう」と推測し、「なにかスポーツをされているんですか？」と質問します。

相手からは「ゴルフが趣味なんです。休日は必ずといっていいほど、ゴルフに行っています」と返ってきます。

この人はゴルフ好き、と察しがついたら、

「プロゴルファーではだれが好きですか?」

「どこのメーカーのクラブを使っているんですか?」

など、ゴルフにまつわる質問をするのです。

すると、相手は夢中になって楽しく話をつづけるでしょう。

このように、相手の気分が乗って、心をオープンにして、どんどん話せるような状況に誘導するのです。

自分が好きなことを話題すれば、その人からいい印象をもらえます。

そこに「いい出会い」が生まれます。

相手が好きな話題について、質問を重ねる

16 相手が苦手な話題は避ける

「上手に質問する」ことは大切ですが、注意点もあります。

それは、相手が心を閉じるような質問は避けることです。

人は、劣等感を抱いたときや、話したくないことを質問されたとき、心を閉じてしまいます。

まともに返答をせず、質問をしてきた相手にも悪い印象を抱くでしょう。

その出会いは、きっと台無しになるに違いありません。

ただ、難しいのは、相手がどのようなことに劣等感をもっているか、どういうことを話題にしてほしくないかは、自分にはわからない、というところです。

ですから、ついうっかり「話題にしてはいけないこと」に触れてしまうこともあります。

大切なことは、相手の表情の変化に注意しておくことでしょう。

たとえば、「どこの大学を出たのですか？」とたずねたら、相手がイヤな顔をしたとします。

そんな表情の変化を見れば、「この人は学歴にコンプレックスがあるのかもしれない」と気づけます。「学歴について、これ以上話題にしないようにしよう」と配慮できるのです。

また、「最近、仕事の調子はどうですか？」と聞いたとき、相手が悩ましい顔をしたら、相手が仕事で重大な問題を抱えているサインかもしれません。

ですから、「あまり仕事の話題は出さないほうがよさそうだ」と配慮できるのです。

そのように、「相手が話題にしてほしくないことには触れない」という配慮ができるのも、いい出会いを生み出すコツのひとつです。

相手の表情の変化に機敏に気づく

17 温かい心で接してこそ、心はひらく

イソップ物語『北風と太陽』では、北風と太陽が、どちらが強いかで言い争っていました。

「では、どちらが強いか決着をつけるために、力試しをしてみよう」という話になったちょうどそのとき、ひとりの旅人がやって来ました。

北風と太陽は、「あの旅人のコートを脱がせたほうが勝ちと決めよう」と話しあいました。

まずは北風がビューッと風を吹かせました。

風の力で旅人のコートを脱がせようと考えたのです。

しかし旅人は、冷たい風にいっそうしっかりとコート押さえつけました。

次に、太陽は、ポカポカと温かい日差しで旅人を照らしました。

すると、旅人は暑くなってコートを脱ぎました。

結局、太陽が勝ったのです。

この話は、「すごい出会い」を考えるうえで参考になると思います。

北風のように、相手を自分の思い通りにしようと強い態度に出れば、相手はきっと警戒心から心を閉ざすでしょう。

すると、それはいい出会いにはならないのです。

人と出会ったら、まず大切なのは、太陽のように親切心あふれる温かい対応で相手に接することです。

そうすれば、相手は安心して心をひらいてくれます。

お互いに心をひらいて、温かい心を通わせてこそ、いい出会いになります。

強い態度よりも親切心が大切

18 しぐさや視線で心は通う

心理学に、「非言語コミュニケーション」という言葉があります。

人と人とは「言葉」だけで互いの気持ちを通わせているわけではありません。

じつは、「言葉以外のこと」で気持ちを通わせていることも多いのです。

たとえば、「表情」です。

人は相手の表情を見ながら、「今、この人はこういう気持ちなのかな」と心を読み取っています。

また、言葉にしない形で「今、私はこういう気持ちでいる」と、表情などで相手に伝える場合もあります。

それが「非言語コミュニケーション」です。

「表情」以外に、「しぐさ」「視線」「うなずき」といったものがあります。

ある研究によれば、人と人とのコミュニケーションでは、言葉によって情報をやりとりする部分が35％で、残り65％は、表情やしぐさなど「非言語コミュニケーション」で気持ちのやりとりをしているそうです。

ここには、人との出会いを「すごい出会い」にするヒントがあります。

すなわち、

「明るい笑顔で相手に接する」

「穏やかな表情を心がける」

「相手の話を、適度にうなずきながら聞く」

「お互いにリラックスできるような、開放的な姿勢をとる」

といったことが重要なのです。

言葉以外の要素も大切にする

19 感謝の言葉を伝える

「すごい出会い」をつかむコツのひとつは、「ありがとう」と感謝の言葉を伝えることです。

自分から相手にいろんなことをしたうえで、「ありがとう」と相手に伝えるのです。

ここで、

「『ありがとう』は、相手が言うべき言葉ではないのか？　自分から親切にしてあげたうえ、なぜ相手に『ありがとう』と言わなければならないのか？」

と疑問を感じる人もいるかもしれません。

もちろん、自分から親切にすれば、相手は「ありがとう」と言ってくれるでしょう。

それとはまた別で、自分からも「ありがとう」と伝えるほうがいいのです。

それは、

「あなたと出会えて、うれしかった。こんな出会いをつくってくれた、あなたに、ありがとう」

という意味です。

「あなたは、本当に、いい人だ。あなたのようないい人に出会えて、本当によかった。ありがとう」

といったことを自分の言葉で伝えます。

この場合の「ありがとう」には、「出会い」そのものへの感謝がこめられています。

そういう感謝を伝えれば、相手も「この人と出会えて本当によかった」と思えてくるでしょう。

そんな感謝でつながる関係は、今後の人生をいい方向へ変えると思います。

「あなたと出会えてよかった」と感謝する

20 自慢話よりも、聞き上手になる

初対面で相手にいい印象を与えたいために、一方的に自慢話をする人がいます。「私は、こんなにすごい功績を残しました。私は、これほどすごい人間なんです」と一方的にしゃべりまくるのです。

本人としては、相手から「この人は大したものだ」と思われたい、と意識しているのでしょう。

しかし実際には、逆効果かもしれません。

一方的に自慢話をされた人は、感心するどころか、うんざりした気持ちになる場合も多いのです。

かえって軽蔑されることにもなりかねません。

人によっては、「この人はすごいことを言っているが、話半分ではないか。ほとん

どがウソなのではないか」と疑うこともあります。

そんな疑いを相手が抱いてしまったら、今後、こちらの話を一切信用してもらえないかもしれません。

もし相手に好印象を与えたいなら、あまり自慢話などしないほうが賢明です。

むしろ、謙虚な態度で、相手の話に耳を傾けるほうがいいでしょう。

話を熱心に聞いてくれる人に、相手は好印象を抱きます。

また、人間性も信用してくれます。

聞き上手になるほうが「すごい出会い」が生まれるのです。

聞き上手になって、好印象を与える

3章

「すごい出会い」をつかんだ人の共通点

21 人を喜ばせると「すごい出会い」が増えていく

人との出会いを、成功のための大きな足がかりにするには、ひとつのコツがいります。

それは「人に喜びを与える」ことです。

アメリカのアニメーターで、ディズニーの創業者のウォルト・ディズニーは、

「与えることは最高の喜びになる。他人に喜びを与える人は、それによって自分自身の喜びと満足を得る」

と述べました。

まずは自分が「人に喜びや楽しみを与える人間になろう」と決心すること、仕事やプライベートのつきあいなどを通してそれを実践することです。

すると、「喜びを与える人」の周りには、いろんな人が集まってきます。

特別な才能がある人、ユニークなアイディアをもつ人、能力がある人、行動力にすぐれた人など、本当にいろんな人が集まってくるのです。

そんな人たちとの出会いから、新しい仕事や、おもしろい企画がどんどん生まれてきます。

それが「自分自身の喜びと満足」になって返ってくるのです。

ウォルト・ディズニー自身が、そのような「人に喜びを与える人」だったのでしょう。

ですから、彼の周りには有能な人たちがたくさん集まってきました。

そんな人たちの出会いから次々とユニークな仕事が生まれました。

その結果、アニメーターから出発したウォルト・ディズニーは、映画の製作、ディズニーランドの設立など、事業を拡げて大成功をおさめたのです。

したがって、大切なことは、まずは自分が「人に喜びを与える」ことです。

人に喜びを与えることを自分の喜びにする

22

「喜びを与える人」4つの要素

すごい出会いは「相手に喜びを与えたい」という精神から生まれます。
その実践的な方法とは、どのようなものなのでしょう。
それは、およそ次の4つにまとめられると思います。

・援助……困っている人に、なにかしら物理的なものを提供し、助ける。
たとえば、相手が探している資料などを自分が持っているなら貸してあげる。場合によっては、「私にはもう不要なので差し上げます」とプレゼントする。

・奉仕……自分の行動で、相手を助ける。
たとえば、相手が不得意なことを、自分が代わりにやってあげる。

相手がお年寄りや力の弱い人などの場合は、重い荷物を持ってあげる。

・教示……相手が知らないことを教えてあげる。

・紹介……相手が困っていたら、それに詳しい人を紹介する。

↓

「援助」「奉仕」「教示」「紹介」によって、人を助ける

23 人の喜びは自分のためになる

「情けは人のためならず。めぐりめぐって己(おの)が為(ため)」

ということわざがあります。

「己が為」とは、「自分のためになる」という意味です。

つまり、「人のために親切にするということは、その人のためになるばかりではなく、自分自身のためにもなる」という意味です。

出会った相手に、喜びを与えると、めぐりめぐって自分自身にもいいことが訪れるのです。

では、どのようにして人に喜びを与えるのでしょうか。

まず大切なのは、「今相手がなにを欲しているのか」を理解することです。

「この人は今、このような困った問題を抱えこんでいる」とわかれば、「なにかあったんですか」と声をかけることができます。

その人が「なにかいい解決策はないかと悩んでいる」とわかれば、それに対して適切なアドバイスができます。

場合によっては、助けを申し出ることや、詳しい人を紹介することもできるでしょう。

また、その人が落ちこんでいる様子で、なにか気持ちが明るくなる話を欲しているとわかれば、明るい話題を提供できます。

きっと、その人は大いに喜んでくれるでしょう。

その後、自分が欲することをかなえるよう努力してくれるかもしれません。

それが「己の為」になるのです。

相手が求めるものを提供する

24 頼まれる前に、してあげる

「人に喜びを与える人」になるには、「相手がしてほしいと思っていること」を機敏に察する必要があります。

その「相手がしてほしいと思っていること」を、決して善意の押しつけにならないように、自分から先に相手に提供することが大事です。

というのも、人によっては、自分から「こういうことをお願いしたい」と言い出しにくいからです。

自分からお願い事をしたら図々しいと思われないか、厚かましいと思われないだろうか、と気にして言い出せない人もいると思います。

そんな相手の遠慮の気持ちを機敏に読み取って、こちらから先に、「もしご迷惑でなければ、こういうことをして差し上げたいのですが」と申し出るのがいいのです。

そうすれば、相手の喜びはいっそう大きなものになるでしょう。

ドイツの詩人で東洋学者のリュッケルト・リュッケルトは、

「人に与えるならば、頼まれる前に与えるのがいい。懇願されてからでは、半分しか与えたことにならない」

と述べました。

この言葉も、やはり、相手から「こうしてほしい」と言われる前に、相手の気持ちを察して、自分のほうから「こうしてあげたいのですが」と申し出ることが大切だ、と示しているのです。

そうでないと「半分しか与えたことにならない」とありますが、これは「喜びの半分しか与えたことにならない」といってもいいでしょう。

大きな喜びを与えるには、「こちらから、先に」がいいのです。

先に親切にしてあげてこそ相手は大喜びする

25

与えていけば、やがて自分に返ってくる

日本の昔話『わらしべ長者』は、次のような話です。

ひとりの貧しい男が、好運を得たくて観音さまに願掛けをしました。観音さまが現れて「お堂を出たときにはじめて手にした物を大切にして西へ行くように」と言いました。

お堂を出たところで男は転んでしまい、そこに落ちていた1本の藁(わら)を手にしました。ちなみに、「わらしべ」とは藁のことです。

男が歩いていくと、アブが飛んできたので、藁でしばって歩きつづけました。泣きじゃくる赤ん坊がいたので、アブをしばった藁をあげました。それは子どもの遊び道具になるのです。子どもの母親が、お礼にミカンをくれました。

男が木の下で休んでミカンを食べようとすると、お金持ちの娘が「のどがかわいた」

と苦しんでいました。そこで男がミカンを渡すと、娘はお礼に上等な絹の反物（たんもの）をくれました。

男がさらに西へ歩いていくと、「死にかけた馬と絹の反物を交換してほしい」という人物と出会いました。馬は男から懸命に介抱されて元気になりました。

男が馬を連れて進んでいくと、大きな屋敷に行き当たりました。屋敷の主人はちょうど旅に出るところで、男に留守を頼み、代わりに馬を借りたいと申し出ました。

主人は「3年以内に自分が帰ってこなかったら、この屋敷を譲る」と男に言い、男は承諾しました。

3年後、主人は帰ってきませんでした。

男は屋敷を手に入れ、裕福に暮らしました。

この話は、出会う人、出会う人に喜びを与えていけば、やがて自分自身に大きな喜びが返ってくる、と示しています。

出会うつど、喜びを与える

26 あの戦国武将も「すごい出会い」を生かしていた

戦国時代の英雄、豊臣秀吉(とよとみひでよし)は、現在の愛知県の農民の家に生まれましたが、出世するという志(こころざし)をもって、いろんな国を放浪しました。

大きな国の大名になるチャンスを狙っていたのです。

そして、織田信長(おだのぶなが)との出会いを足がかりにして、出世の階段を上りました。

出会ってすぐに偉い地位を与えられたわけではありません。

秀吉に最初に与えられたのは、玄関に草履(ぞうり)をそろえておく仕事です。

その際、秀吉が最優先したのは、信長に「喜びを与える」ことでした。

秀吉は、信長の草履を懐(ふところ)に入れて温めておきました。

冬の寒い日など、草履が温まっていれば、気持ちよくはくことができます。

この心配りに、信長はとても感動し、秀吉を取り立てたといわれています。

「出世したい」「名を上げたい」という自分の都合ばかりを主張しては、相手から嫌がられることになるでしょう。

したがって、相手に喜びを与えることを優先するのです。

すると、相手から気に入ってもらえて、いろいろと世話してもらえます。

秀吉に、そのような「人に喜びを与える」という精神があったからこそ、信長との出会いを成功の足がかりにできたのです。

多くの成功者は、若いころに自分の運命を決定づけるような重要な人物に出会い、それを足がかりに成功のチャンスをつかんでいます。

出会いを成功の足がかりにする

27 相手の心をつかんで出会いを生かす

豊臣秀吉との出会いをきっかけに、成功への足がかりをつかんだ人物もいます。

秀吉の腹心として活躍した、石田三成です。

三成は土豪（その土地の有力者）の家に生まれましたが、幼いころにある寺に預けられ育ちました。

しかし、「いつか武士として成功のチャンスを得たい」という強い願望がありました。

そんな折、三成がいた寺に、信長のもとで城主にまで出世した秀吉がやって来ました。

秀吉は鷹狩りの帰り、休憩のために寺に立ち寄ったのです。

三成は秀吉に茶を出しました。

1杯目は、ぬるめのお茶。「鷹狩りで汗をかいた秀吉は、きっとのどがかわいているだろう」と考え、ゴクゴク飲み干せるように、ぬるめにしたのです。

2杯目は、1杯目より熱いお茶を出しました。お茶の味を味わえるような温度です。

3杯目は、さらにゆっくり茶の味を味わってもらうために、熱い茶を小ぶりの茶碗で出しました。

この三成の心遣いに秀吉は感動し、三成を家来として召し抱えると、その後なにかと取り立てたというのです。

三成もまた「人に喜びを与える」精神の持ち主でした。

だからこそ秀吉との出会いを、成功の足がかりにできたのだと思います。

相手がなにを望んでいるかを考えてみる

28 「ギブ・アンド・ギブ」がいい関係をつくる

人と出会うとき、「この人から、私はなにをしてもらえるだろう」と優先して考えるのは、控えるほうがいいと思います。

そのような自分の利益のことしか考えない態度は、自然に相手に伝わるものです。

相手はきっと、心のどこかでイヤな感じをおぼえてしまうでしょう。

その結果、その出会いは「いい出会い」にはなりません。

「また、ぜひ会いましょう」とはならないと思いますし、それっきりで終わるのではないでしょうか。

人と出会ったら、まず、「私は、この人のためになにをしてあげられるだろう」ということを優先に考えることが大切です。

それでこそ「人に喜びを与える人」になれるのですし、またその出会いがすばらしいものになります。

その結果、その相手とも、その後、ずっといい関係を保てるでしょう。

アメリカの牧師であり、多くの成功哲学の本を書いたジョセフ・マーフィーは、

「ギブ・アンド・ギブの精神を貫くことが大切だ。人に喜びを与えるほど、その人はより多くの恩恵を受け取ることになる」

と述べました。

「ギブ・アンド・ギブ」は、「とにかく人に喜びを与えることを最優先に考える」という意味です。

すると、「その人はより多くの恩恵を受け取る」、つまり、人生にいいことが起こる、ということなのです。

人に喜びを与えることだけを考える

29

心をひらきあうと「すごい出会い」になる

「胸襟(きょうきん)をひらいて話す」という言葉があります。

「胸襟」には「胸の内」「心の内」という意味があります。

つまり「胸襟をひらいて話す」とは、「隠しごとをせず、心の内をひらいて、素直にものを言いあって、ざっくばらんに話す」という意味です。

そのように打ち解けて、心をひらいて話しあってこそ、相手との出会いがすばらしいものになるのです。

出会った相手と、お互いに警戒しあいながら話しても、それはいい出会いにはならないと思います。

それきりで終わって、もう連絡をとらないのではないでしょうか。

したがって、相手との出会いをいいものにしたいなら、お互いに胸襟をひらき、心の内をひらいて率直に話しあうことが大切です。

そのためには、まずは自分から心をひらいて相手に接することです。

正直に、温かい心で、素直に、相手に接します。

すると、相手も気持ちよくなって、心をひらいて話してくれるでしょう。

心をひらきあって話してこそ、お互いに「この人と出会えてよかった」と思えるのです。

まずは自分から、心をひらいて相手に接する

4章

この一歩が「すごい出会い」を生む

30 はじめての場所へ行ってみる

「思いがけない出会い」がきっかけで、人生が好転することがあります。
思いがけない出会いをたくさん得るほど、その人の人生は豊かなものになります。
楽しく、充実したものになるのです。
では、そのような出会いは、どうすれば得られるのでしょう。
その方法のひとつに「ふだん、行かないところへ行く」というものがあります。

- 勉強会や趣味の会に参加してみる。
- 旅をする。
- パーティに参加してみる。
- 英会話教室に通ってみる。

・友人の結婚式に出てみる。

そのような、はじめての環境で「思いがけない出会い」が生まれることがよくあるのです。

たとえば、

「はじめて参加した業界の交流会で、思いがけなく、おもしろいアイディアをもつ人と出会った。その人と協力してはじめた事業が大成功した」

「はじめて参加したハイキングの会で、思いがけなくパートナーと知りあい、結婚することになり、幸せな家庭を築いている」

そのような出会いを得るために、ふだん行かないところへ出かけてみるのもひとつの方法です。

思いがけない出会いが人生をひらく

31 人からの紹介は、その後を左右する

人とのつながりのなかで、「思いがけない出会い」が生まれることがあります。

たとえば、友人から「今度、食事をしませんか。おもしろい人がいるから紹介します」と誘われたとします。

紹介された相手と意気投合し、その後、いい友人としてつきあうケースもあります。

また、ビジネスパートナーとして、結婚相手として、一生をともにする、というケースもあるでしょう。

親しい知人から「人を紹介したい」と誘われたら、積極的に応じるほうがいいと思います。

もし「知らない人を紹介されるなんて面倒だ」「相手がどんな人か知らないが、どうせ大した人ではないだろう」などと考えて断らないほうがいいと思います。

紹介してもらった相手と「思いがけない出会い」が生まれて、そこから人生が大きく好転することもあるからです。

また、人からだれかを紹介してもらうには、ふだんから周りの人たちとの人間関係を大切にしておく必要があります。

ふだんから「あの人は信頼できる」と思われているからこそ、周りの人たちは「あの人には大事な人を安心して紹介できる」と思えるのです。

「信頼できない人」「安心できない人」に、大事な人を紹介してあげようなどと思う人はいないのです。

「人を紹介したい」という誘いを断らない

32

夢を公表する

「思いがけない出会い」によって、新しい人生がはじまることがあります。

そんな「思いがけない出会い」をよびこむ方法のひとつが、「夢を公表する」ということです。

たとえば、

「自分で会社をつくってみたい」

「作家になって活躍したい」

「プロの料理研究家になりたい」

「海外に移住したい」

「事業を大きく展開したい」

そのような自分なりの夢を、周りの人たちに公表するのです。

そうすれば、「この人は、こんな夢にむかってがんばっている」と知っている周りの人たちが、夢の実現のために役立ちそうな人を紹介してくれるかもしれません。

「私の知りあいに独立して成功した人がいるのですが、あなたが自分の会社を設立する際に参考になる話をしてくれると思います。紹介しますから、今度会ってみませんか」というような話がまいこむのです。

または、「知りあいに編集者がいるから、紹介しましょうか。プロの視点からいろいろとアドバイスをくれるかもしれません。それは、将来のためになると思います」という話もやってきます。

そこにさまざまな出会いが生じます。

その出会いが「すごい出会い」として人生の転機になることもあるのです。

自分の夢を、周りの人たちに公表してみる

33 好奇心の先に出会いがある

自分の人生に「思いがけない出会い」をよびこむ方法のひとつは、「好奇心旺盛に行動する」ことです。

そのために大切なことは、まずは情報収集です。

友人や同僚との会話、テレビ番組や雑誌、電車の広告、新聞などから、好奇心旺盛に情報収集します。

きっと「興味がある」「おもしろそうだ」というものが見つかるでしょう。

たとえば、

「あの歌手は、今度、うちの近くの会場でコンサートをするのか」

「この雑誌で紹介されているレストランは、おいしそうだな」

「あの作家のサイン会がある。興味深い」

「こういう趣味の会があるのか。おもしろそうだ」

といったようなことです。

もしなにかに興味をもったら、積極的に、その場所へ行ってみることが大切です。

その場で「思いがけない出会い」が待っているかもしれません。

ある歌手のコンサート会場で、偶然となりに座った人と意気投合し、恋人としてつきあうようになり、結婚したケースもあります。

ある勉強会で出会った相手と、共同で会社を立ち上げて大成功した例もあります。

好奇心旺盛に積極的に行動すると、そのような「思いがけない出会い」が生まれるものなのです。

「おもしろそうなもの」を探してみる

34

生活パターンを変えてみる

人生は「思いがけない出会い」がたくさんあるほうがおもしろいと思います。
そのような出会いに満ちあふれた人生は、きっと充実したものになるでしょう。
好奇心旺盛に情報を集め、積極的に行動することが大切です。
そのためには、次のように生活パターンを変えてみることが大切です。

- 休日は家にいる。 → 休日には外出する。
- 仕事以外の人づきあいがない。 → 仕事以外の人間関係を増やす。
- 新聞や雑誌をあまり読まない。 → あらゆるメディアに目を通す。
- 好奇心が薄い。 → なにごとにも好奇心旺盛になる。
- 人の集まりに参加しない。 → パーティや交流会に参加する。

・趣味がない。 → 自分なりの趣味をたくさんもつ。
・行動的でない。 → 積極的に行動する。
・生きがいがない。 → 生きがいをもって生きる。
・仕事以外の夢、目標がない。 → 自分ならではの夢、目標をもつ。
・滅多に旅行にいかない。 → 旅行へ行ってみる。
・人に会うのを面倒に感じる。 → 人に会うのを楽しむ。

このように生活パターンを変えていくことで、「思いがけない出会い」がたくさん生まれてきます。
人生がより充実したものになります。

時間が空いたら、積極的に外出する

35

たまには、みずから「会」を主宰する

「思いがけない出会い」を得るために、自分でなにかしらの「会」を主宰する、という方法もあります。

たとえば「読書会」「歴史研究会」「散歩の会」「旅行の会」といったものを自分で主宰して、参加者を募るのです。

最初は、知りあいに声をかけるのがいいでしょう。

全員が参加してくれるわけではないかもしれませんが、参加者が知りあいを連れてきてくれることもあります。

そのような会の催しを周りに知らせれば、それを見聞きして新しく参加してくれる人も出てくるでしょう。

そこにさまざまな「出会い」が生まれます。

ふだんの生活では知りあえないような人とも出会えるでしょう。
おもしろい経歴をもつ人と出会うこともできるかもしれません。
そのような出会いは、人生をより楽しく充実したものにしてくれるに違いありません。

会を主宰することは、会場の手配をしたり、資料を作成したり、事務的に面倒なこともあるかもしれません。

しかし、そこでたくさんの人と出会えたら、準備の面倒さを上回る大きな喜びをもたらしてくれます、

もし機会があれば、自分でなにか小さな「会」を主宰して参加者を募ってもいいと思います。

「会」に集まってくる人との出会いを楽しむ

36 「拾う神」との出会いで好転する

苦しい状況にあると、人は精神的に落ちこみます。

落ちこむほど、人に会うのが辛くなります。

ひとつには、「相手から自分がどう見られているのだろうか」と気になるからです。

「きっと見下されて、嫌な思いをすることになるだろう」とも気になります。

そのために、人に会いたくない気持ちが強まるのです。

しかし、そうやって人に会わずに、自分の殻(から)に閉じこもったままでいても、状況が改善されることはないでしょう。

もし今の状況を改善したいのであれば、人に会うほうがいいと思います。

たしかに、人を見下すような態度をとる人もいるかもしれません。

しかし、「捨てる神あれば、拾う神あり」ということわざもあります。

ここでいう「神」は、「人」を指しています。

つまり、「世のなかにはさまざまな人がいる。自分のことを見かぎって離れる人もいるだろう。しかし、その一方で、困っている自分を助けてくれる人もいる」という意味です。

ですから、あまり悲観することはないのです。

自分の殻に閉じこもることなく、多くの人に会えば、自分を助けてくれる「拾う神」ときっとどこかで出会えると思います。

そうなれば、助けてくれる人との出会いによって、その後の人生が大きく好転することも多いのです。

「拾う神」に出会えると信じる

37 逆境のときの恩人は一生の恩人になる

逆境のとき、人はどうにかその状況から脱しようとします。

なにかいいアドバイスをもらえないかと、人に話を聞きに行きます。

また、だれかに会って「力を貸してもらえませんか」と頼むこともあります。

しかし実際には、ほとんどの人から冷たくあしらわれるのではないでしょうか。

相手は「この人とつきあっていても、なんの得もない」と考えるのです。

なかには、「こんな落ち目の人とつきあっていたら、自分まで運勢が低下するかもしれない」と考える人もいるかもしれません。

しかし、そのようななかでも親身になって話を聞いて「苦しい状況のようですね。私になにかできることはありますか」と言ってくれる人も現れるのです。

そのような出会いこそ「すごい出会い」といえるのではないでしょうか。

こちらが困ったときに、やさしい、温情あふれる対応をしてくれる人は、間違いなく、人格的にすぐれた人だと思います。

そのような人格者と出会うことは、自分に大きな幸運をもたらすでしょう。

その出会いがきっかけで、逆境から脱出し、その後人生が好転することも多いのではないかと思います。

困ったときに助けてくれる人との関係はなにより大切で、

「この人こそ、私の一生の恩人だ」

と感謝してつきあうのがいいでしょう。

「助けてくれる人」に出会うまであきらめない

38 あきらめなければきっと出会える

現在のシャープの創業者であり、シャープペンを発明し大成功した実業家、早川徳次は、子どものころ、とても苦労したそうです。

しかし、温情あふれる人との出会いがきっかけで、人生が好転しはじめました。

その結果、実業家として成功の道を歩んだのです。

彼の生まれた家は、東京でちゃぶ台や衣類などをつくる事業を営んでいました。

事業はたいへんうまくいっていたといいます。

しかし、母親は早くに他界し、後妻として家に入ってきた女性に、早川は嫌われてしまいます。そして家を追い出されてしまったのです。

そのとき、早川は6、7歳だったそうです。

その後、住みこみの工場などで働きましたが、ある人の紹介で金属細工の職人の親方と出会います。

彼は親方のもとで働きはじめました。親方がとても親切でやさしい人で、早川に金属を細工する方法を丁寧に教えこんだのです。

職人として腕を上げた早川は、万年筆の筆先を細工する仕事を任され、それがシャープペンの発明にもつながりました。

早川は、「金属細工の親方は、人情にも厚い人だった。逆境にあった私が、万一、親方に出会えなかったなら、成功は望めなかっただろう」（意訳）

と述べました。

逆境のとき、あきらめることはありません。

きっと、やさしい温情を示してくれる人が現れると思います。

その人との出会いが、運命を変えるのです。

逆境のときの出会いが人生を変える

39

思いがけない出会いが運命を変える

逆境のときは、だれもが落ちこみます。

しかし、人生をあきらめることはありません。

逆境のときに、人生を大きく変える「すごい出会い」がやってくることもよくあるからです。

会社員の大介さん（仮名）は、ある日、勤めていた会社が倒産してしまいました。

とにかく次の仕事を見つけなければなりません。

毎日ハローワークに通いましたが、新しい仕事はなかなか見つかりません。

彼の気持ちは落ちこんでいくばかりでした。

毎日、ハローワークの行き帰りに、前を通るお寺がありました。

大介さんは、ふと思い立ってお寺に入り、住職に悩みを相談しました。

住職はとても心のやさしい人で、親身になって彼の話を聞いてくれました。

それ以降、彼は毎日にようにお寺に立ち寄るようになりました。

その住職との出会いが、彼の運命を変えることになったのです。

やがて彼は、お寺で働くようになりました。

雑用係なので収入は少ないですが、ひとまず路頭に迷わずにすみました。

住職のもとで修行し、僧侶の身分を得ました。

現在は、恵まれない人に貢献し、悩みの多い人生を送る人たちの相談相手として活動をつづけています。

そして、以前よりも充実した生活を送っています。

逆境のときの「人との出会い」によって、彼は生きがいを手にできたのです。

出会いから、より充実した人生に

40 ときには批判者との出会いも必要

他人から批判されることは、もちろん、気持ちのいいことではありません。気持ちが落ちこみますし、腹立たしくもなります。

しかし、批判されることを、それほどネガティブに考えることはありません。自分を批判した人は、じつは自分の運命を変える大切な人である場合もあるのです。

昭和の国民的な歌手、美空ひばりは、8歳から歌手活動をはじめました。彼女の歌の才能を見抜いた母親が、美空ひばりが中心となって歌う「青空楽団」を結成したのです。

当初は、近所の公民館などで歌う程度でしたが、あるとき、NHKの「のど自慢大会」の予選に出ることが決まりました。そこで優勝すれば、全国デビューのチャンスを得られます。

しかし結果は、鐘がひとつも鳴りませんでした。予選落ちだったのです。

母親は納得がいかず、その理由を審査員に尋ねると、「歌はうまいが、子どもらしいかわいらしさがない」という答えが返ってきました。美空ひばりも、その「子どもらしいかわいらしさがない」という批判に、その後思い悩んだといいます。

しかし、ひらき直って、「私は、私の好きな歌を、私らしく歌うだけだ」と思い直しました。歌手活動を再開し、映画出演をきっかけに国民的なスターにのし上がります。

後に、美空ひばりは、

「私らしい歌とはどのようなものかを真剣に考えることができたという意味で、あのとき批判されたことはとてもいい経験だった」

と述べたそうです。美空ひばりにとっては、ＮＨＫの審査員が、人生を変える「すごい出会い」だったのです。

ポジティブにとらえて「自分らしさ」に気づく

41

「自分よりもすごい人」にどんどん出会う

ある新社会人が、次のようなことを言いました。

「学生時代、『私は能力がある』と自信をもっていたのですが、社会人になって、自分よりもすごい人がたくさんいることに驚きました」

そのような「自分よりもすごい人」と数多く出会うことは悪いことではありません。むしろ、いいことです。

もちろん「自分よりもすごい人」に出会えば、そこで自信を失うかもしれません。打ちのめされ、悔しい思いをするかもしれません。

しかし、その出会いをきっかけに、「負けてたまるか」と奮起(ふんき)して懸命に努めれば、自分の成長につながります。

「自分よりもすごい人」に、みずからすすんで、どんどん出会うほうがいいと思います。

「自分よりもすごい人」に出会うことは、自分にとって非常にいい刺激になるのです。

その刺激が、自分の仕事の能力や、人間性の進歩をうながしてくれます。

したがって、積極的に講演会やいろんな場所に出かけて、さまざまな場面で「自分よりもすごい人」と出会う機会を増やすのがいいと思います。

そういう人が、将来的に、どんどん伸びていくのです。

すごい人に出会って、自分が「すごい人」になる

5章

成功の道がひらける「同志との出会い」

42

「志」を共有すれば、強い力を発揮する

人と人が新しく出会うとき、それぞれは「他人」同士です。

たとえば、ひとつの職場には、たくさんの人が集まります。

上司と部下、同僚同士、先輩と後輩。

育った環境も、卒業した学校もバラバラの者同士が、ひとつの場所に集まってきているのです。

他人同士でありながら、それぞれのメンバーは同じ志(こころざし)で結ばれています。

たとえば、メーカーであれば「いい商品をつくって販売し、世のなかの人たちを幸福にする」という志です。

ひとつの志を共有し、それぞれ異なる才能や能力を生かしながら協力しあいます。

そのようなチームは強いのです。

成長もするでしょう。

しかしながら、職場によっては、ひとつの志をチームで共有できていないところもあります。

各自の思いがバラバラの状態なのです。

そういうチームは、強い力を発揮できません。

成長もできませんし、それどころか業績を落とすことにもなりかねません。

職場で出会った者同士が、同じ志を共有することが、まずもって大切なのです。

出会った者同士が、同じ志をもつ

43 同志とは価値観が一致している

中国の後漢末期の武将、曹操孟徳（そうそうもうとく）は、

「心に一致するものがなにもなければ、同志とはいえない」

と述べました。

「心に一致するもの」とは、たとえば、次のようなことではないかと思います。

- 人生観が一致している。
- 価値観が一致している。
- 将来のビジョンが一致している。

さらに具体的に言えば、次のようなことです。

「ひとつの仕事を成功させるために、互いに強い意志をもっている」

「ミュージシャンになりたい、役者になりたいなど、同じ夢に向かってがんばっている」

「国際感覚を身につけたい、という価値観が一致している」

「将来は社会貢献したい、という希望を互いにもっている」

「互いに、政治感覚が同じだ」

このような一致点があるときは「同志」といえます。

また、そのような一致点がある人との出会いは、自分のこれからの人生を大きく変えていく可能性もあるのです。

すなわち、その出会いをきっかけに、人生が好転する、ということです。

志が一致する人との出会いを大切にする

44 「志」によって結ばれるパートナー関係もある

同じ志をもつことで、固い絆（きずな）が生まれるパートナー関係もあります。

芸術家の岡本太郎は、敏子という女性に出会います。

太郎の芸術のファンだった敏子が、太郎のアトリエを訪れたのが出会いのきっかけでした。

やがて太郎のパートナーとなった人物です。

しかし、パートナーとはいっても、法律上の夫婦になったわけではありません。

実質的には夫婦の関係にあったのですが、敏子は太郎の「秘書」という肩書で、共に生活していました。

後に敏子は、インタビューで太郎との関係を問われて、「同志愛で結ばれる男と女の関係もある。私たちがそうだった」という意味のことを語っていたといいます。

太郎と敏子は、「すばらしい芸術を創作する」というひとつの志のもとで、お互いに協力し、また愛しあっていたのです。

人と人の出会い方には、さまざまなものがあります。

「志」によって出会い、愛しあってもいいと思います。

また、そのような「志」によって結ばれたふたりは、より強い愛情で結ばれていくものかもしれません。

いい恋人、いい結婚相手を見つけ出すために、同志を探すのもいいでしょう。

そこに「すごい出会い」が生まれるかもしれません。

出会った相手とさまざまな関係が生まれる

45 同志がいるから大きなことを成し遂げられる

なにか大きなことを成し遂げたいときは、「同志」とよべるような人との出会いが有用な意味をもってきます。

大きなことをひとりだけで成し遂げることは非常に難しいのです。

しかし、同じ志の人がいれば、不可能と思われたことも可能になるのです。

たとえば、明治維新の英雄、西郷隆盛は、ひとりで明治維新を成し遂げたわけではありません。

薩摩藩（現在の鹿児島県）には、大久保利通という同志がいました。

また、幕府を倒すために、薩摩藩と長州藩の同盟の仲介者となった坂本龍馬も、同志のひとりといえます。

薩長同盟が成立した際に、長州藩側の代表者、桂小五郎（後の木戸孝允）も新たな同志となりました。

そのような同志がたくさん結集したからこそ、明治維新は成し遂げられたと思います。

今、なにかの事業で大きなことを成し遂げたい、という希望に燃えている人もいるかもしれません。

世のなかを変えるために、大きなことを成し遂げたい、と思っている人もいるかもしれません。

そのような人は、まずは、自分と同じ志の相手を探すのがいいと思います。

同志との出会いが成功の足がかりになります。

同じ志の相手を探してみる

46

強い志は、同じ志の人を引き寄せる

自分の人生を変えてくれるような「同志」といい出会いを得るためには、当然のことですが、自分自身が強い志をもつことが大切です。

古代ローマの哲学者で政治家のセネカは、

「運命は、志あるものを導く」

と述べました。

では、運命は、その人をどこへ導くのか。

それは「同じ志をもった人のもと」へ、です。

「この業界で、トップにまでのぼりつめたい」

「この事業を通して、世のなかのあり方を変えたい」

「今、このことで苦しんでいる人を助けたい」

このような志をもって懸命に活動していると、「運命」の力が自然にその人を、同じ志の人のもとへ導いてくれるのです。

そこに「すごい出会い」が生まれます。

「これから協力しあいませんか」という話にもなるでしょう。

同じ志をもった人たちと協力できれば、お互いの強みを生かしあって、またそれぞれの弱みをカバーしあって、その相乗効果から、より大きな成果を上げられるのです。

「志」には、同じ志の人間を引き寄せてくる磁石の力があります。

その志が強いほど、その人を引き寄せてくる磁石の力は強くなるのです。

ゆえに、「同志と出会える」と信じることが大切です。

まずは自分自身が強い志をもって生きる

47 同じ志で、それぞれの能力を生かす

今や世界的な企業に発展したソニーは、戦後の町工場から出発しました。

その創業者、井深大（いぶかまさる）は、斬新なアイディアをもつ技術者であり、また発明家でした。

井深には、盛田昭夫（もりたあきお）という同志がいました。

ふたりは戦争中、海軍の技術研究機関で出会ったといいます。

戦後、井深が東京通信研究所という会社を立ち上げると知った盛田は、創設者のひとりとして参画します。

同社が開発販売した日本初のテープレコーダーは、大ヒット商品になり、ソニーと社名をあらためて成長します。

井深は、天才的なアイディアをもった技術者でした。

一方で、盛田は、営業面にすぐれた才能をもつビジネスマンでした。

ソニーの商品を国内に普及させ、また海外にも販売網を築いたのは、盛田の成果だといわれています。

このふたりは、それぞれの個性、強みを生かしながら会社を成長させたのです。同じ志をもつ者同士が「同志」です。

しかし、同じ志でも、それぞれに異なる才能や能力を生かしながら協力することが大切なのです。

すると、その関係は大きな相乗効果を生み出します。

同志を探すときは、思想は同じでも自分とは異なった能力をもつ人を探すのもいいと思います。

自分にない能力をもつ者を同志にする

48 最初はひとりでも、やがて同志は増えていく

仏教の創始者であるブッダは、35歳のとき、菩提樹（ぼだいじゅ）の下でひとりきりで瞑想中に、悟りをひらいたといわれています。

その後ブッダは、「苦しんでいる世のなかの人を救い、人々を幸福に導くためには、この悟りの思想を広めなければならない」と、布教の旅に出発しました。

当初、ブッダはひとりきりでした。

しかし、旅の途中でブッダと同じ志をもち、「みずからも悟りを得て、この教えを広めたい」という人と出会います。

ブッダと同じ志をもった人は、ブッダの弟子になりました。

弟子は10人、20人、30人、百人と増え、千人を超える人数にもなりました。

そして仏教は、世界中に広がったのです。

最初は「ひとりきり」でもいいのです。

志をもって懸命に活動していれば、同志にきっと出会えます。

「一緒にがんばりましょう」と言ってくれる人は、だんだん増えていくでしょう。

ですから、最初はひとりきりであっても、そこでやる気を失って、希望を捨てないことが大切です。

つづけていれば、きっと同志と出会えます。

それが転機となって、物事がうまくいきはじめるのです。

ひとりを怖れない。同志はきっと現れる

49 志ある人の「元気」に、人は惹きつけられる

幕末の思想家・教育者の吉田松陰は、

「志定まれば、気盛んなり」

と述べました。

「志をもって生きれば、心も体も盛んに元気になる」という意味です。

この「元気」も、人とのいい出会いをもたらす大切な要素のひとつになります。

志をもって生きていると、考え方がポジティブになります。

前向きな言葉が自然に出てきます。

表情も明るくなります。

積極的に行動するようにもなります。

その人には強いオーラが漂いはじめます。

そのような元気に惹(ひ)きつけられて、多くの人が集まるのです。

そこには、いい出会いがたくさん生まれます。

実際に、吉田松陰のもとには、高杉晋作(たかすぎしんさく)、久坂玄瑞(くさかげんずい)、木戸孝允(きどたかよし)、伊藤博文(いとうひろぶみ)、山形有朋(やまがたありとも)、品川弥二郎(しながわやじろう)など、多くの志ある若者が集まりました。

若者らは明治維新の英雄となり、明治政府で要職を務めました。

いい出会いを求めるなら、志をもって、元気よく生きていくことが大切です。

そうすれば、自分と同じように元気な人に出会えます。

志をもって、元気よく生きる

50

志ある人には「悪い出会い」はやってこない

ギリシャの詩人、カヴァフィは、

「志を高くもち、高く掲げているかぎり、志の情熱が精神と肉体と魂をふるい立たせているかぎり、恐ろしい怪物には出会いはしない」

と述べました。

志をもって情熱的に生きていると、たくさんの「いい出会い」が訪れます。

自分の同じ志をもつ人と出会い、それをきっかけに多くの仲間を得ることができます。

その仲間たちと力をあわせて、より大きなことにも挑戦できます。

一方で、情熱的な志をもって生きる人には、「恐ろしい怪物」は近づいてはきません。

ここでいう「恐ろしい怪物」とは、たとえば、

「自分をだまそうとする人」

「意地悪なことをして、足を引っ張ろうとする人」

「ジャマしてやろうとたくらむ人」

などです。

このような「恐ろしい怪物」たちは、情熱的な志をもって生きている人に出会うと「この人をだますのは無理だ。この人のジャマをすることはできない」と、あきらめて逃げてしまいます。

ですから、熱い志をもって生きている人には、「いい人との出会い」しか生まれないのです。

そういう意味のことを、詩人カヴァフィは示しています。

志ある人は、いい出会いに恵まれる

51

下を見ずに自分よりも上を見る

大学生の健太さん（仮名）は、海外留学が決まったとき、父親から次のように言われたそうです。

「上には上がいるものだ。しかし、だからといって、そこで下ばかりを見て満足するような人間にはなってはいけない」

健太さんは、日本の大学ではずっとトップの成績でした。

自分の知能や知識に自信がありました。

しかし、実際に留学してみると、海外の大学には自分よりもずっと能力がある人がたくさんいました。

自分にはとてもできないような天才的なことを成し遂げる人が大勢いました。

父親は、あらかじめそのことを予想して、健太さんに「下ばかりを見て満足するな」と言ったのでしょう。

自分よりもすごい人たちがいると知って自信を失い、「自分よりも下の人」ばかりとつきあうようになる人もいるからです。

自分よりも下の人たちとつきあっていれば優越感が得られます。

それ以上、自信を失うことはありません。

しかし、本人の進歩もそこでストップしてしまいます。

ですから、父親は「下ばかりを見て満足するな」と教えたのです。

自分よりもすごい人を目の当たりにすれば、劣等感をおぼえることもあるでしょう。

しかし、自分よりもすごい人と出会い、つきあうことは、いい刺激になります。

その刺激が自分の進歩の原動力になります。

ときには、自分よりもすごい人とつきあうことも大事です。

上には上がいる

6章

「よき友との出会い」で人生は豊かになる

52

友との「すごい出会い」が幸せにつながる

人生の大きな喜びのひとつに、「よき友との出会い」があります。

小説家の永井荷風(ながいかふう)は、

「知らない者同士が出会い、そしてお互いの思想の一致を見出したときほど、愉快なことは恐らくあるまい」

と述べました。

「お互いの思想の一致を見出したとき」とは、少し硬い表現ですが、「話があう」という意味です。

たとえば、偶然、共通の趣味をもつことがわかり、話が大いに盛り上がることもあります。

同じプロ野球チームのファンだとわかり、話に花が咲くこともあるかもしれません。

出身地が同じだとわかり、地元の話で盛り上がることもあると思います。

そのような「話があう相手」とは、「この人とはいい友人になれそうだ」という予感がわきます。

実際に、その相手とは「よき友」として、その後も長いつきあいがつづきます。

よき友がいることは、自分自身にとって心の癒し(いや)しになります。

また、生きる励みや勇気を与えてくれます。

そのような「よき友との出会い」を大切にすることが、幸せな人生を築く大きな要素になるのです。

よき友の存在は、癒しとなり、励みになる

53 社会人になっても友人づくりを大切に

「学生時代はたくさん友人がいたが、社会人になってから友人がいなくなった」という人がいます。

社会人になると、人とのつきあいは、仕事の関係者が中心になります。

また、仕事に追われてプライベートの時間が少なくなりますから、どうしても友人と出会う機会が少なくのです。

そこで、「学生時代の友人に久しぶり会ってみよう」と考える人もいますが、その学生時代の友人も仕事で忙しく、再会する日程がなかなかあわない、というケースも多いようです。

しかし、やはり、「つきあう相手は、仕事の関係者しかない」という生活では、自分の人間性の幅が広がらないと思います。

生活もおもしろみのないものになるのではないでしょうか。

社会人になってからも、友人との出会いを積極的に求めていくようにするほうがいいと思います。

たしかに仕事が忙しいのはわかりますが、つくろうと思えばプライベートの時間をつくることは可能でしょう。

たとえば、「週に一日は自由な時間をつくる」と自分で決めておいて、その日には、自分が興味のある「趣味のサークル」に参加してみます。

また、カルチャーセンターなどの教室に参加してみるのもいいでしょう。

その場で、新しい友人をつくってみるのです。

そんな友人と、仕事の話題以外のことで楽しく語らうことは、とてもいい心に癒しになると思います。

友人と出会える場に参加してみる

54 努力しないと友人は増えない

イギリスの詩人、サミュエル・ジョンソンは、

「年齢を重ねるにしたがって、新しい知人をつくらないなら、やがてひとりぼっちになる」

と述べました。

学生時代は「たくさん友人がいた」という人であっても、社会人になれば、そこでまた新しい友人との出会いを求めて積極的に活動するほうがいいと思います。

学生時代の友人とは、社会人になれば、だんだんと会わなくなるからです。

ですから、社会人になった段階で、また新しい友人ができないと、「やがてひとりぼっちになる」のです。

会社で働いていたころは広い交友関係があった、という人がいます。

そういう人も、退職後は、新しい友人をつくるほうがいいと思います。

会社の同僚と、退職後は会わなくなる人も多いからです。

年齢を重ねるにしたがって、新しい友人をつくることが人生を楽しくします。

そういうことをサミュエル・ジョンソンは、この言葉で述べています。

何歳になっても、みずから努力して「新しい友人との出会い」がたくさんあるという人は、いつまでも若々しく、活動的で、また楽しく人生を過ごしている人が多い、ということなのです。

新しい友人との出会いが、新しい人生をつくるのです。

何歳になっても「新しい友人との出会い」を求める

55 純粋な友情を大切にする

小説家の永井荷風(ながいかふう)は、

「利益の問題を離れて、ただ単純な友情をもって交際できる相手は、本当に少ないものだ」(意訳)

と述べました。

「利益の問題を離れて」は、「損得勘定(そんとくかんじょう)を抜きにして」ともいえます。

「あの人とつきあえば利益になる。この人とつきあっても利益にならない」といった損得勘定を抜きにして、つきあうことが大切です。

そのような損得勘定を抜きにして、ただ「この人とは気があう」「この人と一緒にいると楽しい」という友情だけでつきあえる友人は「本当に少ないものだ」と、永井荷風は嘆いているのです。

とくに社会人になると、このような「損得を抜きにしてつきあえる友人」は少なくなるのではないでしょうか。

だからこそ、つきあって利益になる・ならないといったことを抜きにして、純粋に友人としてつきあえる人との出会いを大切にしてなければならないと思います。

そのような友人と一緒にいると、それだけで心が休まります。

安心し、リラックスもできます。

損得でつながっている友人では、そのような心の安らぎは得られないのです。

かえって緊張感から疲れるだけでしょう。

損得勘定でつながっている友人は、「利益にならない」とわかれば離れていきます。

しかし、純粋な友情で結ばれた友人とは長くつきあえるのです。

気持ちが安らぐ友人を大切にする

56

学ぶことを通じて友人に出会う

「学友」とは、「一緒に学ぶ場で出会った友人」という意味です。

そんな学友とは、損得勘定抜きで、いい関係を築けます。

江戸時代末期から明治時代の思想家、西村茂樹(にしむらしげき)は、

「学問を通じて友人を得ることほど楽しいものはない。また、友人たちの影響を受けて、その学問を究(きわ)めようという意欲も増す」(意訳)

と述べました。

やはり、一緒に学ぶことを通して知りあった友人ほど、貴重な存在はない、と述べています。

また、そんな友人と励ましあうことで、学ぶことへの意欲も増すというのです。

「学友」といえば、普通は、学生時代の友人を指すのでしょう。

しかし、社会人になっても「学友」をつくることはできます。

英会話学校や、資格試験の予備校に通って、そこで出会った友人も、また学友とよべるでしょう。

また、もう少し広くとらえて、読書会や勉強会で知りあった友人も「学友」といえると思います。

「生涯学習」という言葉もよく聞くようになりました。

一生を通して、いろんなことを学んでいく機会を得る、ということです。

そのような「生涯学習」が普及するにつれて、年齢を重ねても「学友」と出会えるチャンスが増えると思います。

「生涯学習」「生涯学友との出会い」で生きる

57 友人が多い人は若々しさを保てる

一般的に、人は年齢を重ねるにしたがって、人づきあいの幅が狭くなる傾向があります。

なぜかというと、仕事関係の人としかつきあわないようになるからです。

それ以外の人間関係、たとえば学生時代の友人とのつきあいは減っていきます。

理由のひとつは、本人が「友人とのつきあいの必要性をあまり強く感じていない」というものです。

たしかに友人とつきあわなくても、仕事になにか悪い影響が出ることはありません。友人とつきあわなくても、それで収入が落ちることも、家族との関係が悪くなることも、きっとないでしょう。

ですから、「友人なんてつくらなくていい。友人づきあいなんて面倒くさいだけだ」

と思ってしまうのです。

しかし、次のようなことも研究でわかっています。

人づきあいの幅が狭く、ごく一部の人としか交際しない生活が長い人は、精神的な刺激が少なく、老けこむのが早い、というのです。

逆に言えば、いつまでも若々しい人は、仕事や家族以外にもたくさんの人間関係をもっているのです。

友人もたくさんいて、友人とのつきあいを楽しんでいるのです。

「若々しさを保つ」という前向きな目的のためにも、やはり、積極的に友人との出会いを求めるほうがいいと思います。

それが幸福で充実した人生につながります。

若々しさを保つために、友人をもつ

58

悔しさから人は進歩する

「よきライバルとの出会い」も、人生が変わる大きなきっかけのひとつになります。

たとえば、「仕事のライバル」です。

同じ職場にライバルがいると、「あの人に負けたくない」という気持ちから懸命に努力します。もちろん、相手もそうでしょう。

そうやってお互いに切磋琢磨(せっさたくま)しながら成長するのです。

自分よりも才能がある人、能力や知識が優れた人に出会ったら、とても悔しい思いをするに違いありません。

しかし、それは必ずしもマイナスの感情ばかりではありません。

その悔しさをバネにして、「私もがんばろう」という意欲をさらに高めることもできるのです。

「悔しさのない人間に進歩はない」

という格言があります。

自分より優れた人に出会っても悔しさを感じることなく、「どうでもいい」と考える人は、そこからがんばる意欲を燃やすことなどないでしょう。

しかし「悔しい」という思いをするからこそ、「私も負けずにがんばろう。懸命に努力して、あの人を上回りたい」という意欲も高まるのです。

そこに進歩が生まれます。

悔しい思いをさせてくれる相手と出会うことは、自分の人生にとって決して悪いことではないのです。

ライバルの存在は、自分を成長させる大きな力を与えてくれます。

自分自身にとっての「よきライバル」を探してみる

59

ライバルとの出会いで人生が変わる

将棋や相撲は、勝った・負けたがはっきりする世界です。

ビジネスにも競争があります。

そのような世界では、ライバルの存在がやる気をかき立て、もっとがんばろうという意欲を増進することに役立ちます。

そのような勝負や競争とは無縁の世界であっても、「ライバルとの出会い」はやはり、その個々人の生き方に大きな影響を与えるものなのです。

たとえば、天台宗の開祖、最澄（さいちょう）には、真言宗の開祖、空海（くうかい）というライバルがいました。

ふたりは当時の仏教界のリーダーとして、お互いに切磋琢磨する関係でした。

最澄は空海を意識しながら「もっと修行を積まなくてはならない」と努力し、空海も最澄を意識しながら「もっと教えを深めなければならない」と努力していたのです。

ふたりは、よきライバル関係にあったといえるのでしょう。

思想にたずさわる人たちにとって、よきライバルとの出会いは、とても貴重な意味をもつのです。

視野を広げて、よきライバルとの出会いを求めることが大切です。

それが自分の人生を変えるきっかけにもなります。

ライバルとの出会いで思想が深まる

60 がんばる分野を変えるのもひとつの手

日本の格言に、

「碁で負けたら、将棋で勝てばいい」

というものがあります。

ある人に「碁」で負けたとしましょう。

自分がいくらがんばっても、その相手に碁では勝てません。

そういうときは、いっそ、がんばる分野を変えてしまう方法もあります。

「将棋」という分野でがんばって腕を上げて、相手に勝てばいいのです。

そのように「ある分野で負けたら、ほかのことで取り返せばいい」といったことを述べた格言です。

次のような話があります。

二軍でがんばっている、あるプロ野球選手がいました。彼はバッティングでいい成績を残して、もうすぐ一軍へ上がれるという段階まで来ました。

しかし、そこに、新しいライバルが入団しました。

ライバル選手は、バッティングで好成績をあげて、あっという間に一軍へ昇格しました。

「バッティングだけでは勝てない」と感じた彼は、守備に力を入れて懸命に練習しました。

すると、その守備力が評価されて、彼もまた一軍に昇格できたのです。

このように、がんばる分野を変えると将来がひらけることもあります。

ライバルとの出会いで新しい人生がはじまったひとりといえます。

ほかの分野で取り戻す

61 「嫉妬心」にはいいものもある

自分よりも能力がある人に出会ったら、強い嫉妬心を感じる人もいます。

その「嫉妬心」には、悪いものといいものがあります。

心理学では、それを「エンヴィ」と「ジェラス」とよびます。

「エンヴィ」とは、「悪い嫉妬心」「妬み」という意味です。

自分よりも能力のある人を妬み、足を引っ張ろうと意地悪をしたり、悪い噂を流したりします。

しかし、そのようなことは、自分の進歩や成長にはつながりません。

むしろ、意地悪をしている自分自身に嫌悪感をおぼえて、ますます自信を失うだけです。

一方の「ジェラス」とは「いい嫉妬心」です。

自分より能力がすぐれた人と出会ったら、「あの人に比べて、私はなにが劣っているのだろう」「では、私があの人を上回るには、どうすればいいのだろう」と考えます。

いろんなことを試しながら、自分を成長させる努力をはじめるのです。

したがって、この「ジェラス」という精神をもつ人は、自分よりも能力ある人との出会いを「いい出会い」に変えて、それによって自分を高めるのです。

反対に「エンヴィ」という精神をもつ人は、自分よりも能力ある人との出会いによって、自分がダメになってしまいます。

したがって、「ジェラス」という精神をもつことが、自己の成長のために必要になると思います。

「ジェラス」を生かして自分を高める

62 フリーランスこそ出会いを増やす

企業や団体などの組織の一員として働く人がいます。

一方で、組織には属さず、フリーランスとして働く人もいます。

しかし、フリーランスとはいえ、必ずしも「ひとりだけでがんばっている」わけではありません。

取引先と協力したり、フリーランス同士で支えあったりしながら仕事をしています。

よき協力者を得ている人ほど、フリーランスとして成功しているように思います。

フリーランスの人は、基本的にはひとりで作業をすることが多いでしょう。

だからこそ、ふだんから取引先やフリーランス仲間とよく連絡をとりあうことが大切です。

新しい出会いが得られるような会合などにも、積極的に参加するのがいいと思います。

フリーランスはひとりで働いているからこそ、周りの人たちと円満な関係を保ち、新しい出会いを積極的に求めることが大切なのです。

そのような努力をしていないと、本当に、ひとりきりになってしまいます。

同時に、仕事もなくなる可能性も出てくるかもしれません。

どのような仕事であれ、それは「人とのつながり」から生まれるものであると思います。

成功のチャンスも、「人とのつながり」から生まれてくるのです。

出会いから仕事が生まれる

7章

「よき師との出会い」で人間性が高まる

63

大きな意味での「よき師」とは

「よき師」との出会いによって、人生が変わることがあります。

「よき師」とは、学問や知識を教えてくれるばかりでなく、もっと大きな意味で「人生の先生」ともよべるような人物です。

そのような人の教えや生き方に影響を受けて、自分自身も大きく変わるのです。

社会福祉活動家として世界的に活躍したヘレン・ケラーは、2歳のときに重い熱病にかかります。

幸いに一命はとりとめましたが、病気の影響で、目が見えなくなり、耳が聞こえなくなり、また話すことができなくなりました。

障害を苦にした彼女は家に引きこもり、とてもわがままな性格になったといいます。

そんなヘレン・ケラーのもとに、家庭教師のアン・サリヴァンがやってきました。

サリヴァンは、ヘレン・ケラーに「視覚や聴覚は元の状態にならなくても、努力すれば話はできるかもしれない」と懸命に説きました。この言葉に励まされ、ヘレン・ケラーは練習をはじめ、実際に話せるようになりました。

また、サリヴァンは「障害がある人間であっても、立派な人間になれる。社会に貢献できる」と熱心に教えました。ヘレン・ケラーはこの教えに影響されて、「世のなかに貢献する、立派な人間になる」と志しました。

その後、障害をもつ人や、恵まれない人の手助けをする社会福祉活動家として活躍するのです。

このヘレン・ケラーの話も、人は「よき師」との出会いで生まれ変われる、という例のひとつです。

よき師から教えや生き方を学ぶ

64

教えを参考に自分の個性をつくる

次のような話があります。

ある青年は、子どものころから「マジシャンになりたい」という夢がありました。

高校卒業後、プロのマジシャンに弟子入りしました。

彼は懸命に努力して、マジックの技を身につけました。

その後独り立ちして、マジシャンの活動をはじめました。

しかし、なかなか人気が出ません。

思い悩んだ彼は、師匠に相談しました。

すると、師匠から、次のように言われたそうです。

「おまえは、私が教えたことを、ただやっているだけだ。私のモノマネをしているにすぎない。だから新鮮味がなく、お客さんの気持ちを惹(ひ)きつけることができない」

夢をかなえたいとき、その道の師匠から教えてもらうことは大切です。

ただし、師匠からの教えをただ忠実に再現するだけでは、成功は望めないのです。

大切なことは、教えを参考にして、自分なりによく考え、自分ならではの個性をつくり上げることなのです。

個性を発揮できてこそ、成功できます。

そうなれば、本当の意味で「師匠との出会いによって、新しい人生がはじまった」といえるのです。

「師匠のモノマネ」で終わらない

65 モノマネだけでは意味がない

古代中国の思想家、孔子は、

「師の跡を求めず、師の求めたるところを求めよ」と述べました。

「師の跡を求めず」とは、「師と思う人の真似をしない」という意味です。

ある尊敬できる人に出会ったとします。

その人を「心の師」「人生の師」「仕事の師」として尊敬します。

そういう「師」とよべる相手と出会うことは、もちろん自分の人生にとって有意義なことなのです。

ただし、「その師の真似をしているだけではダメだ」と、孔子は言っているのです。

「心の師」が言っていることを、ただ真似するだけではダメなのです。

「人生の師」と思っている人がやっていることを、自分も真似してやっているだけではいけないのです。

「仕事の師」と考えている人の仕事のやり方を、ただ真似しているだけではダメなのです。

孔子の「師の求めたるところを求めよ」という言葉は、「その師が求めている『人としての正しい生き方』とはなにかを自分なりに考え、自分なりの方法でそれを求めることが大切だ」

という意味です。

「師の真似」ではなく、その師の生き方を通して「自分なりに考える」ことが大切なのです。

師の教えを通して、自分なりに考えてみる

66 「会う人、みな我が師」で成長する

作家の吉川英治（よしかわえいじ）は、

「会う人、みな我が師」

と述べました。

「出会った人、みんなを自分の『人生の先生』と考えて接することが大切だ」という意味です。

他人は、自分にない経験をしていて、自分にない知識をたくさんもっています。

自分にない発想をしたり、アイディアを思いついたりします。

相手から教えてもらえることは数多くあるのです。

ですから、出会った人すべてを「自分の先生」と考え、なにかを教えてもらおう、
と意識することが大切なのです。

そうやって人から多くのものを吸収すると、それだけ自分自身の人間性が成長します。

もちろん、知識も増えます。

そうなれば、よりすばらしい人生を築けるのです。

人から教えてもらったことが、仕事のヒントになって、その仕事を成功に導くこともできるかもしれません。

人が教えてくれたことで、「ああ、そうだったのか!」と目からウロコが落ちて、それまでの悩みが解消することもあるでしょう。

「会う人、みな我が師」と考えて、人に出会うことが大切です。

多くのものを吸収する

67 ノーベル賞受賞者も人から教わっていた

日本ではじめてノーベル賞を受賞したのは、物理学者の湯川秀樹(ゆかわひでき)です。

彼の口グセは、

「その分野は、私は素人(しろうと)なので、教えてもらえませんか」

というものでした。

もちろん物理学の分野では、湯川は広く深い知識をもっていました。

しかし、それ以外では、自分よりも知識や経験がある人がたくさんいました。

そこで、物理学以外の分野に携わる人と会ったら、相手に「その分野は、私は素人なので、教えてもらえませんか」と言って、話をよく聞いていたのです。

それだけ彼は好奇心旺盛であり、「会う人、みな我が師」という精神の持ち主だったのでしょう。

そのように、彼はとても謙虚な気持ちの持ち主でした。

ノーベル賞を受賞するほど頭がいいにもかかわらず、湯川は、自分の知らないこと、経験していないことに関しては、人から教わる気持ちを忘れませんでした。

そのような謙虚さを忘れなかったからこそ、彼は亡くなるまで人間的に成長しつづけたのです。

その結果、ノーベル賞受賞の事実のみならず、「人格者」として多くの人から尊敬されました。

謙虚に人から教えてもらう

68

「教えてもらう」気持ちで人と会う

古代中国の思想家、孟子（もうし）は、

「人の患（わずら）いは、好んで人の師となるにあり」

と述べました。

「人の患い」とは、「人の悪いところ」という意味です。

「好んで人の師となるにあり」とは、「人から教わるどころか、人にものを教えたがる」という意味です。

人には虚栄心（きょえいしん）があり、だれかと会うと、

「あなたより私のほうがものを知っている」

「私のほうが豊富な経験をもっている」

といった態度で、上から目線で、相手にものを教えがちです。

しかし、それは「人の悪いところ」だと孟子は述べているのです。

そのような傲慢（ごうまん）な態度では「いい出会い」が得られないと思います。

人に「教えてやる」態度でいれば、相手に不愉快な印象を与えるだけです。

また、いろんな人からいろんなものを教えてもらって、自分自身が成長する機会も失います。

したがって、どんな人と出会っても、なにも得られないのです。

ですから、人と会うときは、「教えてやる」でなく、つねに「教えてもらう」という気持ちでいることが大切です。


「教えてやる」より「教えてもらう」

69

部下に教え、部下から学んでいく

アメリカの先住民の格言に、

「師は教えることで、また、学んでいる」

というものがあります。

人はよき師に出会うことで、人生が大きく変わります。

よき師から多くのことを学ぶことで、人間的に大きく成長します。

しかし、そのように人生が変わり、また成長するのは「師」も同じなのです。

師は、弟子にものを教えるにあたって、

「この人を、さらに大きな存在に育てるには、どうすればいいのだろう」

と深く考え、そのためにたくさんのことを勉強します。

また、弟子からの「師匠、これはどういう意味なのでしょう？」といった思いがけない質問によって、今まで意識していなかった部分に気づかされます。

弟子の質問に答えるために、みずからさらに勉強します。

師もまた、弟子からいろんなことを学ぶのです。

弟子が成長すると共に、師もまた成長します。

したがって、師にとっては、弟子との出会いが、人生の転機になる場合もあるのです。

先住民の格言は、そういう意味です。

会社の上司なども「部下を育てる」意識と共に、「部下から教わって、上司としても成長する」意識が大切になると思います。

それが、「いい上司になる」ことにつながります。

「部下から学ぶ」意識ももっておく

70 部下を尊重することで成長する

いい上司は、部下の能力を引き出し、部下を立派なビジネスパーソンとして育てます。

それと同時に、部下から多くのことを学び、それによって上司として成長するのも「いい上司」の条件のひとつになるのではないでしょうか。

部下から学べる上司が、部下に尊敬される上司でもあるのです。

ある経営コンサルタントによれば、「部下から学び、上司として成長する」ためには、次のような意識が大切だといいます。

・部下の能力や人間性を尊重する。

・上司の考えを一方的に押しつけるのではなく、部下の意見をよく聞く。

・部下の意見を「くだらない」と決めつけない。
・部下を「自分よりも仕事ができない」と決めつけない。
・部下から教えてもらうことを「恥」と思わない。

そう意識すると、部下から多くのことを学べます。

部下の成長が、上司自身の成長へと結びつくのです。

部下にとっては、よき上司との出会いが、人生の転機になります。

それと同時に、上司にとっては、部下とのいい出会いが、上司として成長する転機になるのです。

部下から学ぶことで、部下たちの信望を集め、より強いリーダーシップを発揮できるのです。

部下の意見を「くだらない」と決めつけない

71 「よき友」を「よき師」とする

古代中国の思想家、孔子は、

「己に如かざる者を友にするなかれ」

と述べました。

「己に如かざる者」は、「自分よりも劣った者」という意味です。

つまり、「人間性や教養などで自分よりも劣った者を、友としないほうがいい」というのです。

いろんな面で尊敬でき、学ぶことが多い人とつきあうのがいい、ということです。

なぜなら、自分自身が成長できるからです。

つまり「あの人は私の師である」と思える相手を友人として選ぶのがいい、ということでしょう。

したがって「師」として尊敬できる友人との出会いを大切にするのです。

人の人生は、「よき師との出会い」で大きく変わります。

それと同じように、「よき友との出会い」に大きな影響を受けるものです。

「よき友」を「よき師」として、その相手とつきあうことができれば、それに越したことはないと思います。

今、自分がつきあっている友人のことを思い出して、その友人になにか「尊敬できるところ」がないか探してみるのがいいと思います。

尊敬するところがあったら、それを参考にして自分自身の生き方を考えてみるのです。

そのとき、「よき友」は「よき師」になります。

「よき友」の尊敬すべきところから学ぶ

8章

すごい「運命の出会い」をつかむヒント

72 心の扉をひらいておく

恋愛的な意味で好きになれる人、自分を愛してくれる人がどこかにいないかと探している人は、相手と出会うことで「今よりもっと幸せになりたい」と望んでいるのだと思います。

恋愛や結婚にまつわる関係性は「1対1」が基本ですから、仕事関係や友人関係とは少し事情が異なります。

そこには「相互性」が必要です。

「この人が特別に好きだ」と感じることはもちろん、相手からも「あなたが特別に好きだ」と感じてもらう必要があるのです。

相思相愛の関係性ができたときには「この人から幸せにしてもらいたい」「尽くしてもらいたい」と同時に「この人を幸せにしたい」「尽くしたい」という感情をふたりと

もが抱いています。

また、そういうふたりなら、フィーリングや価値観、人生観が一致している、または趣味や嗜好が似ているはずです。

そういう相手と出会うには、まず大切なのは、心をひらき、素直な気持ちで相手に接することだと思います。

スイスの精神科医であり、作家のエリザベス・キューブラー・ロスは、

「希望のために、扉はいつもあけておくことが大切だ」（意訳）

と述べました。

「扉」とは、「心の扉」のことです。

すてきな人と出会ったとき、心の扉をひらいておき、素直な気持ちで自己表現して、相手の話を聞くことができれば、その出会いは希望あるものとして発展する、というのです。

相互性を感じられる出会いを大切にする

73 「理想の人」と「運命の人」は違う

「理想の人」と「運命の人」とは違います。

一般的には、「理想の人」とは、次のようなタイプを指すのではないでしょうか。

「外見がいい人」

「高学歴、高収入の人」

「有名な人」

「家柄がいい人」

つまり、人が「理想の人」というとき、そのような外面的な条件を挙げることが多いのです。

しかし、そのような理想の相手と出会う機会があったとして、その相手と内面的な深いつながりが生まれるわけではありません。

心と心の触れあいが生まれるわけではありません。
心と心の触れあいが生まれないかぎり、やはり関係は発展しないのではないでしょうか。

つまり、理想とする人と出会えたからといって、心のふれあいが生まれないならば、それが「魂の出会い」になることはないのです。

心と心が深いところで通いあう相手こそが「運命の人」です。
そのような人との間に「すごい出会い」は生まれます。

「運命の人」とは、お互いに価値観があい、相性が合致している人、つまり魂の領域でつながる人、ということです。

理想の人とは、そのような相互性がないのです。
結局、自分を幸せにしてくれるのは「理想の人」ではなく、「運命の人」なのです。
それを忘れないことが大切です。

心と心が深いところで通いあう相手を選ぶ

74

「尽くしたい」と思えたら未来は明るい

「この人に貢献したい」と思えるかどうかが、「運命の人」を見極める基準のひとつです。

「貢献」とは、「この人を幸せにするために、がんばりたい」と思うことです。

また、その相手が苦しい状況にあったら、「この人の苦しみを取り除いて、楽にしてあげたい」と思うことです。

素直に、正直に、そういう気持ちを抱けるなら、そこには「すごい出会い」が生まれる可能性が高まります。

相手がどんなに有能な人、収入の多い人であっても、「この人のために尽くしたい」と思えなければ、「運命の人」にはならないでしょう。

また、相手が、どんなに美しく、センスのいい人であっても、「この人を幸せにしたたい」と思えなければ、「運命の人」にはなりえないと思います。

その相手が、たとえお金持ちでなくても、とびぬけた美人でなくても、「この人のために尽くしたい。貢献したい」という純粋な気持ちをお互いにもつことができれば、その相手と相思相愛になれる可能性が高まるのです。

大切なのは、財産や、地位や、見かけといったものではないのです。

その相手に対して、どういう気持ちになれるかがなによりも大切なのです。

財産や、地位や、見かけに惑わされない

75 共感できるかどうかで相手を見極める

すてきな人に出会ったとき、「この人が、これからの私の人生を変えてくれるような『運命の人』になる人なのだろうか」と迷うこともあると思います。

人生を変える相手か、ただの知りあいとして終わる人か。

それを見極めるコツは、いくつかの判断基準をつくっておく、ということです。

そのひとつとして、

「相手の生き方に共感できるかどうか」

ということが挙げられます。

相手のこれまでの生き方、今の生き方に、「これはすばらしい生き方だ」と共感できるかどうかです。

また、相手の「こういう生き方をしてみたい」という夢に、「なんて、いい夢なんだろう」と共感できるかどうかです。

出会った当初は、とてもいい印象を覚えた相手であっても、そのような共感を得られるものがなにもなかったとしたら、それは「すごい出会い」にはならないでしょう。

また、その相手とつきあったとしても、いずれ、うまくいかなくなると思います。

どこかで意見の対立が起こって、ケンカになると思います。

当初の印象がそれほど強いものでなくても、その人に共感できるものがたくさん見つかれば、その相手が「運命の人」になる確率が高まります。

心から共感できる相手を探す

76 共感で結ばれる関係はうまくいく

古代ギリシャのエウリピデスは、「人の一番の財産は、共感してくれる配偶者である」と述べました。

夫にとって「共感してくれる妻」は、人生で「一番の財産」になります。

一方で、妻にとっては、「共感してくれる夫」は、人生で「一番の財産」になります。

そのように、自分が相手の生き方に共感でき、また、相手も自分の生き方に共感してくれる相手を見つけることこそ、人生を変える「すごい出会い」といえるのです。

ふたりは、しょせん他人同士ですから、性格も考え方も違います。

また、生き方も違うでしょう。

しかしながら、このふたりが強い共感で結ばれていれば、決して切れることのない絆（きずな）で結ばれているといえるのです。

たとえば、マンガ家の夫と、大手企業に勤める妻が夫婦として暮らしていたとします。

それぞれ、個性も才能も異なります。

仕事の内容も違います。

生活パターンも違います。マンガ家の夫は毎日自宅で仕事をし、会社員の妻は毎日会社へ出社します。

それほどかけ離れた夫婦であっても、夫が妻の生き方に「女性が仕事をもって活躍することはすばらしい」と共感し、妻が夫に「マンガ家という仕事は、とても価値がある」と共感していれば、その夫婦はきっと強い絆で結ばれているといえるでしょう。

共感が「違っている者同士」を結びつける

77 自分の気持ちを伝える

すてきな人と出会えたのに、相手の前で「心の扉」を閉ざしてしまう人がいます。

そのせいで、幸福になるチャンスを逃してしまうのです。

では、なぜ心の扉を閉ざすのでしょうか。

理由はいろいろあると思いますが、たとえば、

「恥ずかしい。自分に自信がない」

「相手が自分をどう思っているか不安だ」

といったことではないかと思います。

つまり、「相手から自分がどう見られているか」を意識しすぎているのです。

ですから、恥ずかしく思えてきたり、不安になったり、自信を失ったりして、結局は、心の扉を閉ざすことになります。

そうならないためには、「自分が相手からどう見られているか」を意識する前に、まずは、

「あなたに好感を抱いています」

「あなたとはうまくやれそうな気がします」

とアピールすることが大切です。

優先すべきは、「相手への気持ちをアピールすること」なのです。

「相手からどう思われているか」は、次の問題です。

そのように意識できたとき、心の扉をひらいて相手に接することができると思います。

「相手からどう思われているか」は気にしない

78 「親しみのある目」で好意を伝える

作家の宇野千代（うのちよ）は、

「私はあなたが好きだ。まっすぐその人の目を見て、そう言ってみる」（意訳）

と述べました。

宇野千代は、多くの男性と出会い、愛しあった作家として有名です。

それだけ「出会いがうまい人」だったのでしょう。

そういう人物の言葉だけに、この言葉には説得力があります。

素直に心の扉をひらいて、自分の気持ちを素直に相手に伝えることができれば、相手も心動かされることでしょう。

しかし、一般の人にとっては、出会った相手に「私はあなたが好きだ」と伝えることは難しいことかもしれません。

ただ、言葉にして口で言わなくても、その気持ち「目」で伝えるということはできるのではないでしょうか。

やさしい、愛にあふれた目で、相手を見るのです。

相手から目をそらすのではなく、親しみのこもった目で相手を見るのです。

強い視線で、相手をにらみつけるのではありません。

くつろいだ、柔らかな視線で、相手を見るのです。

たとえ言葉にしなくても、それだけでも、好意的な気持ちは相手に伝わるでしょう。

これもひとつの「心の扉をひらく」方法だと思います。

やさしい目で、愛情を伝えることもできる

79 ふたりの関係は「縁は異なもの」である

「縁は異なもの」

ということわざがあります。

「人と人の縁とは不思議なものだ。思いも寄らない人と結ばれることがある」という意味です。

たとえば、「結婚するなら、こういうタイプがいい」「こんなタイプとは結婚したくない」と考えたとします。

しかし実際には、好みのタイプの人と出会う機会はなく、むしろ苦手なタイプの人から熱心に言い寄られて、結局はその相手と結婚する場合もあるのです。

だからといって、結婚生活がうまくいかないわけではなく、むしろ今はとても幸せな生活を送っている、というケースもあります。

人と人の関係には、そのような「不思議なこと」がよくあるのです。

それを「縁は異なもの」ということわざは示しています。

大切なことは「こういうタイプが好き。こういうタイプは嫌い」といった先入観で相手を見ないほうがいい、ということだと思います。

とくにパートナー関係では、「あまり好きではないタイプの人」が、じつは自分にとって相思相愛の「運命の人」になる場合もあるからです。

ですから、外見や収入や学歴などの条件で先入観をもたず、まずその人との相互性をよく観察することが大事です。

そうすれば、幸福のチャンスを逃すことはありません。

先入観で、相手の人柄を判断しない

80

寛容な心が愛を長く育んでいく

フランスの思想家、ヴォルテールは、

「寛容とはなにか。それは人間を愛することである。人はだれであっても、弱さと過ちと愚かさからつくられている。その弱さと過ちと愚かさを許しあうことが寛容であり、また人を愛するということなのだ」（意訳）

と述べました。

だれにでも、弱さや過ち、愚かさがあるものです。

そんな一面を「寛容な気持ちで許す」ことができなければ、そもそも人を愛することなどできないと思います。

弱さや過ち、愚かさを見つけるたびに、ガッカリしたり腹を立てたりすると、永遠に「運命の人」などに出会えないかもしれません。

ですから、「運命の人」を探すのであれば、ある程度は寛容な心で人と出会うほうがいいと思います。

また、出会ってからも、寛容さをもちつづけることが大切です。

恋人としてつきあいはじめたあと、あるいは結婚後に、相手の弱さや過ちや愚かさに気づくこともあります。

寛容さをもつことで「運命の人」と出会い、幸せになる可能性が広まります。

つまり、ずっと仲よく暮らせるのです。

寛容な心が「すごい出会い」を長続きさせます。

いつまでも寛容な心をもちつづける

青春新書
PLAYBOOKS

人生を自由自在に活動（プレイ）する

人生の活動源として

いま要求される新しい気運は、最も現実的な生々しい時代に吐息する大衆の活力と活動源である。

文明はすべてを合理化し、自主的精神はますます衰退に瀕し、自由は奪われようとしている今日、プレイブックスに課せられた役割と必要は広く新鮮な願いとなろう。

いわゆる知識人にもとめる書物は数多く窺うまでもない。

本刊行は、在来の観念類型を打破し、謂わば現代生活の機能に即する潤滑油として、逞しい生命を吹込もうとするものである。

われわれの現状は、埃りと騒音に紛れ、雑踏に苛まれ、あくせく追われる仕事に、日々の不安は健全な精神生活を妨げる圧迫感となり、まさに現実はストレス症状を呈している。

プレイブックスは、それらすべてのうっ積を吹きとばし、自由闊達な活動力を培養し、勇気と自信を生みだす最も楽しいシリーズたらんことを、われわれは鋭意貫かんとするものである。

―創始者のことば― 小澤和一

著者紹介

植西 聰〈うえにし あきら〉

著述家。東京都出身。学習院高等科・同大学卒業後、資生堂に勤務。独立後、人生論の研究に従事する。独自の「成心学」理論を確立し、人々の心を元気づける著述活動を開始。1995年、産業カウンセラー(労働大臣認定資格)を取得。ベストセラー『「折れない心」をつくるたった1つの習慣』や近刊『なんだか毎日うまくいく100のヒント』(以上、小社刊)、『自分も周りも幸せになる　上機嫌のつくりかた』(自由国民社)、『心の免疫力』(笠間書院)ほか著書多数。

※本書は書き下ろしです。

カバー写真　dmitriy_rnd - stock.adobe.com

本文デザイン・DTP　株式会社キャップス

人生を変える すごい出会いの法則

青春新書 PLAYBOOKS

2024年6月25日　第1刷

著　者　植西　聰

発行者　小澤源太郎

責任編集　株式会社プライム涌光

電話　編集部　03(3203)2850

発行所　東京都新宿区若松町12番1号 〒162-0056　株式会社青春出版社

電話　営業部　03(3207)1916　振替番号　00190-7-98602

印刷・三松堂　製本・フォーネット社

ISBN978-4-413-21214-4

青春新書
PLAYBOOKS

人生を自由自在に活動する――プレイブックス

押してはいけない
妻のスイッチ

石原壮一郎

そのひと言でわが家は天国にも地獄にもなる！　夫婦生活を円満にする「夫」の参考書

P-1208

「長生きする人」の習慣、
ぜんぶ集めました。

工藤孝文［監修］
ホームライフ取材班［編］

メンタル・睡眠・ボディケア・食事・運動・趣味・入浴――「健康長寿」をのばす秘訣をギュッと濃縮

P-1209

特殊詐欺から大地震、転倒まで
シニアが陥る50の危険

㈱三菱総合研究所
奈良由美子［監修］

この「備え」が無用なトラブルを遠ざける。リスクが高まるシニアのための安全・安心マニュアル！

P-1210

70歳からは
「転んでも折れない骨」を
つくりなさい

中村幸男

健康寿命を延ばすカギは「骨」にあった！

P-1211

お願い　ページわりの関係からここでは一部の既刊本しか掲載してありません。
折り込みの出版案内もご参考にご覧ください。